꽃의 담론

빛나는 시 100인선 · 096

꽃의 담론

권대희 시집

인간과문학사

◈ 시인의 말 ◈

하루, 이틀
봄, 여름, 가을, 겨울
산과 하늘에는 계절이 흐르고 있다
어느 연금술사처럼 나는 별을 향하여 걷고 있다

그대처럼
꿈을 꿀 수 있기를 바라며
하루를 엮어 삶을 내려놓는 중이다

여기!
밤마다 쓴 그리움의 詩를 곁들인다

2024년 안산 해솔에서

차례

시인의 말 - 5

1부 기다리는 마음

소리 - 12
기다리는 마음 - 13
석탑이 있는 마을 - 14
아련사雅蓮寺 - 15
목월을 만나러 가서 - 16
꽃 피는 소리 - 18
제비꽃 - 19
꽃 - 20
말없이 - 21
장미 - 22
장미·1 - 23
장미·2 - 25
꽃을 지운다는 것 - 26

2부 꽃과 시인

봉녕사 - 28
꽃의 담론 - 29
꽃과 시인 - 30
인생 - 31
월남 - 32
하얀 뻘기꽃 - 34
불국佛國 - 36
석가대웅구암청평 - 37
경칩 - 38
꽃이 지는 이유 - 39
일출 - 40
어린 東學의 노래 - 41
가을 편지 - 42
낙화 - 44

3부 나의 나라

성균관대 즈음 - 46
나의 나라 - 48
가을 소식 - 49
가을 - 50
가을·3 - 51
사곡으로 가는 길 - 52
나비 - 53
나비·1 - 54
쑥개떡 - 56
야생초 편지 - 58
동짓달 - 60
바람이 분다 - 62
적도 - 64
나가노 그리고 도쿄 - 65

4부 동행

봄날같이 진달래처럼 - 68
7번 국도 - 70
7번 국도·1 - 71
봄소식 - 73
코로나 시대 - 74
내용증명 - 76
먼 - 78
동행同行 - 79
동행同行·1 - 80
승부역 - 82
큰 병 - 83
타국 - 84
첫눈처럼 너에게 가겠다 - 85
그대 빈자리 - 86

5부 고향

　　찬란한 태양 - 88

　　단풍 - 90

　　고향 - 91

　　낙엽 - 92

　　초하단상初夏斷想 - 94

　　소나기 - 96

　　여름날의 수채화 - 97

　　어머니의 전화번호 - 98

　　아비와 아들 그리고 봄봄 - 100

　　추석秋夕 - 102

　　설 - 103

　　설·1 - 104

　　가을에는 - 106

권대희 시인의 시 세계
권대희 시의 네 가지 모티프 _유한근 (문학평론가·전SCAU교수) - 108

제1부

기다리는 마음

소리

조용한
소리 하나 피고 있다
내 곁에 피는 소리들 봄
지금사 봄밤
꽃이 피는가 엊그제 매화만 피더니
눈만 내리나니

가냘픈
여인이 피고 있다
내 곁에 지금 피는 소리 하나 그대
아직사 나는 봄밤

눈물 아래 서러운 꽃은 지는데
봄은 지는데

기다리는 마음
― 木月에게

외딴 마을
가을바람은 분다

내가 성인 되니 그분 세상에 없듯
구름에 달 가듯이 가는 나그네*

몇 만 리 굽이쳐 오실 길손을 위하여
꺼지지 않을 촛불 밝혀 두려는데

술은 벌써 익고
괜한 바람에 국화꽃이 지고 있다

* 박목월의 시 〈나그네〉 인용

석탑이 있는 마을

외딴 산
외딴곳
와사등처럼
어느 봄 피었다 지는

먼 산
먼 하늘꽃
저문 강 붉은 봄으로 흐르다 지는

감은사
저녁 종
송홧가루 날리는 마을

바람은 괜히 고운 달을 옮기어
머언 처녀사
속잎 피었다 지우는 마을

아련사 雅蓮寺

아련사 추녀
구름 걸리어 바람이 흔든다

범종은 왜 우느뇨
풍경마저 우는데

추녀 끝 구름 고요를 깨우나
목어가 똑똑똑 골 따라 우는 절

눈 맞은 솔가지
죽비 소리에 산산이 부서져

졸음 겨운 사미 잠 깨어라
놀란 노루 산우로 치달린다

목월을 만나러 가서

모량으로 해서 건천으로 해서 경주로
미당처럼 신라로 갔다
고현천 대천 뚝방
남도 길
작년 갈대만 신라 핏줄로 남아
그것도 화랑이 되어 바람 가르고 있다

뚝방 넘어 갈대들 무어라 하는지
신라 말이다 보니 알아듣지 못했다
지금 말로 "지그스렁 시그스렁 쑤우우" 그러는데
무슨 말인지 쓸쓸하다

경주에 살았다는 신라 사람
그분 바람벽 붙어 있는 빈집 너머

동쪽 불국사 마주한 석탑
청운교 아래
청노루

구름 젖어
천년 흐르고 나니

그 아래 푸르게 이끼 낀
석종
소식 전하여 듣고 운다

꽃 피는 소리

구름 빗기인 반달
매화 가지 끝
섣달 등불을 켜고

벌써 기다리고 섰다

꽃 피는 소리
달빛 아래
창가에 비치나니

눈 감아라
매화가
얇은 치마를 벗고 있다

처음
가냘픈
여자의 소리가 피고 있다

제비꽃

내가 왜 이러는지 몰라
나도 모른다고

네가 내게 아무리 물어도
나는 몰라

그냥 네가 좋아
금방 보고 돌아서면 또 보고 싶고
금방 듣고 헤어져도 또 듣고 싶은 네 향기

나
너에게
어떻게 하겠니

꽃

너를 보았네
나는
너 때문에 울었네

꽃 핀 남녘
질마재 고개고개 마다
꽃 하나, 둘, 셋, 넷

나를 보았네
너는
나 때문에 울었네

말없이

사랑이 어디쯤인지
한마디 말보다 한 송이 꽃을 보냈습니다
사랑은 가고 이별이 왔을 때에도
한마디 말보다 한 송이 꽃을 보냈습니다

그대를
잊고도

한 송이 꽃을 보냈습니다
말없이

장미

장미

아픈 너의 가시에
나는 뛰어내린다

아프다
지독히
고독한

사랑

장미 · 1

너의 향기
너의 모습
너의 색
너의 속삭임들

서러운 상처 위 돋은 가시여
내 사랑보다 더 처절한 상처여
모르지만 나는 알고 있다

너는 나에게
나는 너에게

남은 사랑
이제 남은 그리움만으로
살겠다고 살겠다면 차라리

생명이여 파편처럼 튕겨질 심장의 피여
저 12월의 첫눈처럼 가서

너의 돋은 가시에
나는 찬란하게 뛰어내릴 것이다

너는 나에게
나는 너에게 죽어서 다시 피는

꽃이 되고 싶다

장미 · 2

나
그대 사랑합니다
아픈 가시 위에 핀 당신에게

내
삶과 죽음
어느 곳에도
그대만 그리웁습니다

오
나의 이별
나의 처절한 눈물
나의 사랑

꽃을 지운다는 것

꽃이 피는 것보다
꽃이 지는 것이 이렇게 아픈 일인 줄 몰랐습니다

꽃이 피는 것은 모두에게 기쁜 일이지만
지는 것은 오직 내 슬픈 일입니다

거기까지만 하여도 괜찮습니다

그대 때문에
내 마음 곱도록 서럽습니다

제2부

꽃과 시인

봉녕사

여름 푸르름 아래
부처님 곁 어린 스님 못 이긴 잠이 들었네
가끔 바람 끝 풍경은 뎅그렁
놀란 잠자리 하늘 파도를 타고
큰스님 불경 소리에
능소화 소리 없이 피는데

해탈과 사랑이 무엇인가
사랑과 묵언은 무엇인가요

오늘도 대답 없는 스님이 미워
돌아선 발아래
능소화

한 송이 툭툭 눈물겹게 지우고 있다

꽃의 담론

꽃이 피기로서니 지기야 하겠습니까
어느 이른 아침 풀잎 지는 아래
꽃이 지기에 나는 서러웁습니다
그것도 가을 목이 쉬어 웁니다

눈발은 만주滿洲처럼 나리고
바람은 오랑캐의 말발굽처럼 달려오는
언 땅 아래로
꽃은 그래도 봄을 기다립니다

기다렸다 봄부터 피웁니다
할머니의 할머니 적부터
꽃이 지기로서니
꽃이 다시 피지야 않겠습니까

꽃과 시인

　밤은 깊고 밤은 내가 지나온 길을 뒤돌아볼 수 있기 때문이다 한 줄 부끄럼이 없는 바램은 지나온 길을 다시 돌아서 시작할 수 있음이다 지금 밤을 새우며 문득 그리운 사람 생각이 나고 그 그리운 이야기가 깊어진다 그는 어디로 갔을까 어디에 살고 있을까

　생각해 보면 사막에는 무수한 별이 뜬다 그것을 나침판으로 하는 사람도 많다 오늘 밤은 내 마음과는 다르게 춥다

　'울지마라 외로우니까 사람이다 산그림자도 외로워서 하루에 한 번씩 마을로 내려온다 종소리도 외로워서 울려 퍼진다.'*

　이름없는 꽃도
　외로우니 내 곁에 찾아 오는 것이다

* 정호승 시 〈수선화 곁에서〉 인용

인생

피는 꽃 아래
참 여러 날 슬피 울었네
이렇게 모르는 애가 타는 건 처음이었지
살면서
슬픔도
사랑도 잠깐이더군
꽃만 피는 계절이면 좋았겠는데

지는 꽃 곁에
한마디 말 차마 못 하였는데
알면서 저렇게 고요한 고독은 처음이었지

세월 가면
즐거움도 만남도 순간이겠군
피고 지는 꽃보다
지고 피는 꽃의 순간이었으면 좋겠네

월남

담쟁이 넝쿨 꽃말은 우정이라는데
나는 왜 담쟁이 넝쿨만 보면
삼촌이 생각나는지 모르겠다

어두운 밤
적군도 모르게 밀림 속으로 갔을 삼촌과
아군도 모르게 밀림 속으로 왔을 적군들
나는 왜
담쟁이 넝쿨만 보면 삼촌 생각이 나는지 모르겠다

적도에서 아군들이 고지를 향하여 갔을 것이고
적도에서 적군들이 고지를 향하여 왔을 터이고
숨 막히는 적도에서
담쟁이넝쿨 담쟁이넝쿨

내가 일곱 살 무렵인가 여섯 살 무렵인가
여름 해 그토록 길게 그림자 치던 저녁
산 그림자 빨간 전보를 마루에 두고 갔다

여름 내내 지겹도록 더웠던
고향 집 뜰 아래 막냇삼촌은
담벼락에 바싹 마른 소식 남겨 두고 갔다

하얀 삘기꽃

하얀 꽃 삘기꽃
저녁연기처럼 슬픈 꽃
엄마처럼 슬픈 꽃
캄캄한 밤하늘 무성한 달빛 슬픈 날
멀리멀리 감자 캐러 갔다가 아직 오지 못한 어머니
울다 잠이 든
누이의 하얀 손에 들린 하얀 삘기꽃
그래서 슬픈 꽃 하얀 삘기꽃

삘기꽃 하얗게 필 때면
나는 슬퍼요
하얀 삘기꽃 질 때면 더욱 슬퍼요

멀리멀리 감자 삯으로 얻어온
하얀 감자 냄새 날아가 하얀 삘기꽃이 되었어요
그래서 슬픈 꽃 하얀 삘기꽃

어머니 어머니 어머니 꽃 피었어요
하얀 감자꽃 지고 나니 하얀 삘기꽃 피었어요

그래서 슬퍼요
배가 고파서

서울로 시집간 누이를 데리고
오늘 강변으로 구경 왔어요

하얀 뻴기꽃
하얀 뻴기꽃 핀 들녘
처음 본다고 처음 봤다는 하얀 뻴기꽃
예뻐서 슬프다고
하얀 뻴기꽃 입에 물고 슬프다고 하네요

하얀 꽃 뻴기꽃
하얀 뻴기꽃 입에 문 누이가 엄마를 닮아서 슬퍼요
그래서 슬픈 꽃 하얀 뻴기꽃

불국佛國

산모퉁이 석굴로 뉘 앞서 갔는지
노랗게 금잔화 핀 나라
정토가 예 이사매 서방이 예 이사매
사랑도 그리움도
잊으라 잊으라
한줄기 바람 풍경을 흔들고

청운교 백운교 위에
사랑이 상사했으면
석가와 다보는 뉘 그리움으로
빚었느뇨
아
불국이 졸음에 겨운 봄
석가모니 부처님도 낮잠을 주무시고
한줄기 바람만 목탁을 두드리네

석가대웅구암청평

고요히 바람 불어
대웅전 처마 끝 풍경 흔들린다
울림과 바램
기도와 기도여 천 년 해탈이어라

당신 몸으로
마음 담아
반성과 오직 평온함으로
기도와 기도 만세 만 년 묵언이어라

오직
아픔도 없고 고뇌도 없어라
외로움도 설움도 없는 사랑이어라

내 육신 바람 되어
내 정신 구름 되어
세상사 덧없음도 모두 당신 뜻만 같아라

경칩

겨울바람 맞으며
모진 것 그까짓 것
속 비우자 비우자 그렇게 그대를
결국 마음에서 버리려고

동학사
언 도랑 건너
부처님 아래 앉았더니

얇은 봄볕 찾아온
그 곁
늙은 스님 목탁 소리

먼 바다
먼 하늘
소리소리 그 소리 가닿을 즈음

대웅전 아래
매화꽃 망울망울 울음 결국 터지고 있다

꽃이 지는 이유

이별하고
정녕 이별은 이런 거였습니다

내 목숨 명주실이라면
명주실 끝과 시작 어느 중간쯤
예리하게 끊어지는 절규와 멈춤

멀리 있는 당신
닿을 수 없는 당신

훗날
그 사람으로 목놓아 부를 사람이라면
당신 잊는 일이 차라리 쉽다

죽어도
잊히기보다 아니 잊힌다면

꽃 지듯
내 청춘 피었다 질 수 밖에

일출

저 떠오르는 태양
차마
눈 뜨고야 볼 수 없어 눈 감을 수밖에

밤새 배가 아파
한바탕 쏟아 놓은 처녀의 월경

어부는
항아의 자궁 속에서 고기를 낚는다

어린 東學의 노래
– 북실 마지막 전투 –

밤은 소리 없는 흐느낌
어머니
목화꽃처럼 눈이 내렸습니다

북실 여기
살을 묻고
삶을 묻고 누워

밤하늘 소리 없는 절규로
아직
살아서 피웠어야 할

진달래여
진달래여

붉은 함성으로 필
더운 핏빛이여

가을 편지

짙은 코발트 물감으로
여름을 그대 눈 속에 남겨놓고
나는 내내
풀벌레처럼 울었습니다
그것도 목이 쉬어 울었습니다

서울로 가는 전봉준처럼
세상 허전함 가득한 내게
그대는 늘 걱정이지만

그대 사랑 앞에 사랑이라는
말 못하고 나는 서울로 갑니다

가는 내내
이산 저산 붉게 물들걸랑
내 못다 한 사랑이라 전하여 주오.

가서 소식 없거든
앞산 뒷산 우는 산새 소리

그래도 좋은 세상
그래도 아름다운 세상
오는 것이라 기대하고 사소서

내 그리 살았다고
닮은 아이에게 전하여 주소서

낙화

너는

어느 왕조의 슬픔이기에

얇은 속옷을 벗고

바람 없는 허공으로

고요히

달빛을 줍고 있나

고란사 새벽종 잠 깨어

강물로 뛰어든다

제3부

나의 나라

성균관대 즈음

가다가 성균관대 즈음 멈추었습니다

오지 말라고
오지 말라고 가을 잎 떨어지고 있습니다
그래서
돌아옵니다
그래서 돌아옵니다
오는 내내 가을 잎 사이 내 발자국만 남습니다

그래서 다시 돌아갑니다

오지 말라고
오지 말라고 눈은 내리고 있습니다
그래서
돌아옵니다
그래서 돌아옵니다
오는 내내 내 발자국을 눈은 지우고 있습니다

요번 겨울 길고 춥다고 하는데
어찌하면 좋을지
바람 불고
당신을 잊는 걸 잊었습니다

나의 나라

비 내리는 나라
먼 산 너머
너를 생각한다 오늘

비처럼 젖어
너에게로 가서
그리운 눈물이고 싶다

젖은
나팔꽃들은 내 시선이 궁금하여
울타리 꽃을 타고 오르고 있다

보이시나요

가을 소식

엽서가 왔습니다
가을이라고
구구절절
잎잎이 물든다고
오지 않고 소식만 왔기에

엽서는 반송했습니다
어쩌냐고
작년 것도 함께 보냈습니다

가을

가을은 말이야

누구라도

그리워

살자

가을 · 3

계절이
이렇게 조용할 수가 없습니다
요 며칠 김 씨 아저씨가 보이지 않아
걸음걸음 걸어서 읍내 우체국에 갔습니다

함박웃음을 하고선
웬일이냐고 아저씨가 다정히 말을 건넸습니다

그저 난 웃음만 건네고
아무 말 없이 집으로 돌아서 오는 내내
길가에 늘어선 가로수도
내 마음도

조용히 타들어 갑니다

그대 소식 없는 사이
앞산 단풍 저렇게 물들어
어쩌면 좋아요

사곡으로 가는 길

사곡으로 가는 길
문단역에 눈 내린다

오지 않는 기차를 기다리다
대합실 한편 화목난로 곁에 앉아
빤히 쳐다보는 빈 난로를 향하여 머쓱하게 손을 비볐다
어차피 꼭 가야 할 곳 아니라지만
가다가 늦은 밤이 되어도
오래된 주소 하나 들고 여기까지 왔다

어느 시인의 시집에 아픈 사랑이
그 사랑 어찌 되었는지 알 수 없듯

오래된 주소 그 사람
살고 있는지

사곡으로 가는 길
문단역에 폭설이 내린다

나비

산 산 산
골 골 골
들 들 들 나의 고향

나뭇잎
흰구름
바람

한가로이
녹음에 젖은 나비

구름처럼
산 넘어 가시네

나비 · 1

달빛 젖은 밤 가고
맑은 하늘과 봄의 탄생 앞
눈부신 아지랑이 어디서 왔는지
잡힐 듯 쫓을 듯 따라갔다가 너를 만났지

청보리밭 지나고
아직 한쪽으로 살얼음 섞인
파랗게 흐르는 시냇물 건너고
하얀 구름과 푸른 하늘은
너와 나를 한참이나 내려다보고 있었지

잡을 듯 잡았다 엎어질 듯 놓친
그 보드라움과 그 날갯짓하며
소리 없는 꼬드김과 말로 다 못 할
노랗고 하얗고 호랑 무늬의 짓들을 따라

천 길 낭떠러지로 떨어져도 아프지 않은
한밤의 몽정과도 같은
봄이었지

긴 세월은 가고
나의 뜀박질은 예전 같지 않게 되었고
나의 밤으로 나의 낮으로

나비를 잡지도 따라가지도 못하고 말았지

쑥개떡

우리 마을 전해 내려오는 이야기 중에
개떡은 처음에는 겨 떡이라 했습니다
그보다 할아버지 적 처음 이름도 없이 그냥 배가 고파
먹었답니다

그러다
겨가 게가 되었고
그 후 너무 목이 까칠하여 게가 개가 되어
ㅕㅔㅐ
결국 개떡이 되었다고 합니다만

벗과
요즘 사는 이야기 끝에
벗이 내게 쑥개떡 좋아하냐기에
고개만 끄덕였더니
며칠 뒤 쑥개떡을 예쁘고 정성스럽게 보내왔습니다

오랜만에 먹는 개떡입니다
부드럽고 쫄깃쫄깃한 것이 맛이 좋습니다

세상 변해서
쑥겨떡을 쑥개떡으로 추억 삼아 먹었습니다

야생초 편지

'야생초 편지'를 다시 읽으며
황대권 작가가 봉정사에 가서 야생초 이름을 부르며
걸음을 옮겨 다녔다기에
여뀌, 고마리, 물봉선, 며느리밥풀꽃, 머위에 대하여
어떻게 생긴 꽃인지
우선 집 앞의 '갈대숲'부터 답습하려고
개폼 잡은 발걸음 옮기어 보았다

보라색 앙증맞은 꽃, 진분홍 작은 꽃, 하얀 메밀 같은 꽃들
그러고도 이름 알 수 없는 꽃들만 지천이다

야생초
이름 하나 아는 것 없다는 것에 대하여
꽃들 앞에서 이렇게 부끄러울 수가…

봉정사까지는 언감생심 한 걸음 뗄 수가 없었다
아는 것도 없이 이런 무지로 무슨 꽃을 쓴다고…

어린 시절
어머니는 늘 나를 보고 집에만 있지 말고
밖으로 "나가 봐라" "나가 봐라" 하셨다
드디어
오늘 그 참담함에 대하여
청개구리처럼 방구석에만 있었던 것이 화근이었다

동짓달

김종길 '성탄제'를 읽다가
올해도 성탄절이 가깝다는 것과
아버지가 눈을 헤치고 따오신 붉은 산수유 열매와
아버지가 문방구에 들러 아들 생각하며 사 오셨을 연필과 공책

중요하다고 몇 번이나 선생님이 강조한 것들은
기억 저편으로 잊혔는데
오롯이 연필과 공책 이것만 기억 속에 있다

거울 속의 나는 아버지를 닮아도 너무 닮았다
옛 생각에 눈물이 많다는 것까지도 닮았을까
이렇게 소중한 줄 알았다면 한 자루 연필과 한 권의 공책이라도
간직할 것을 기억만 간직하고 있다

동짓달 새벽달이 아버지를 대신하여 창가에 와서 있다
원고를 늦지 않도록 써야겠다

연필과 공책을 건네주시면서 못하신 말씀을
아버지가 적고 있다

바람이 분다

여름날의 뒤란에
잎 붉어지면
네 곁에 불러다오

빈 마을 아무도 없는 하늘에 별 하나 너 하나
그 사람 떠나갔지만 어디를 얼마나 헤매이다 지금쯤
어느 곳 어디쯤 고독을 줍고 있을까

고독은 줍는 만큼 그리움은 쇠잔하여 간다 사랑을 버리고
너는 그만큼 가을 빗속에 쓸쓸히 젖겠지만 우리는 아직
고독에 대하여 아는 것이 없다

바람이 분다 별은 남은 한 방울마저 결국 땅 위에 떨어져
난파되어 부서진다 옛날은 가고 지금 쓸쓸하지만 모두 사
랑의 상처 하나 간직하고 있다
누군가 고독의 상처였고 누구에게 그리움이었겠지만

지난날 나의 뒤란으로
잎 붉어지면 망망대해로 나간 방랑의 배들을 내 곁에 불러다오

어디쯤
너 하나 있기에
그 거리만큼 고독이고 그리움이라는 것을

적도

살아갈 날에 대하여
나란히 하고 싶은
사랑 노래를
그대 곁에서 거룩하게 불러라

남겨진 날
부족 또 부족한 부분 채워줄
그리움의 엽서를
그대 옆에서 찬란하게 읽어라

어느 인디언 부부처럼
그대 영혼만 남기고
내 영혼 새에게 던져주어라

나가노 그리고 도쿄

중국을 돌아 일본으로 왔다.
만나는 기업마다 실적이 올랐단다.
역시 분주하게 보인다
도쿄 간다에끼 앞 밤거리도 활기차다
2020년 올림픽
부럽다

저녁은 라멘으로 먹자고 하였다
양이 너무 많아 반만 먹었다
일본 대부분 음식이 짜게 나온다

오늘 밤 잠이 잘 오면 좋겠다

그리운 얼굴 당신 MS

제4부

동행同行

봄날같이 진달래처럼

햇살 좋은 날
들 창살 보리풀 매겨
물 품어 붙인 창호지에
연분홍 진달래 곱게 물들여놓고

따뜻이 막걸리 한 주전자 데워
아내에게
사랑사랑
봄 사랑을 하자고 졸랐네

진달래
들창문 취토록 피어나고
막걸리 한 모금
새털처럼 마신 아내는
꼭 진달래를 닮았네

아내는
나를
햇살 좋은 날

막걸릿잔에 쏟아진 봄날같이
살라 하고

나는
아내더러
오늘같이
들창문에 피어난 진달래처럼
살라 하네

7번 국도

국도변 울타리 꽃 예쁘게 피었기에
울타리 꽃 앞에서 굳게 맹세했습니다

나는 자랑스러운 태극기 앞에
조국과 민족의 무궁한 영광을 위하여
몸과 마음을 바쳐…

문득
어젯밤 9시 뉴스에
천정부지로 오르는 부동산 시세와
눈 가리고 아옹하는 대책들이 생각났습니다

그것도

똥 냄새나는
국회의원 176명이 생각났습니다

나는 자랑스러운 태극기 앞에…
맹세를 하다 말고
퉤 퉤 퉤 침 뱉었습니다

7번 국도 · 1

버림받고 상처받았으니
오는 길이고 가야 할 길 7번 국도

여자의 눈물 마다하고
무슨 억장과 역마살 끼어
바람 마주하고 섰는가
늙은 배 깃발은 계집아이처럼 울고
무심한 파도 난타를 치고
그물 걸린 게를 어부 아내는 귀하게 뜯어내고
식어버린 태양은 새들에게 뜯긴 채로 떨어지고 있다

가다가 보니 7번 국도

목적지 없지만
애초부터 없던 목적지이지만

지나는 오토바이 휘익 담배꽁초와 함께 뉴스를 버리고 갔다

'ㅇ총장 ㅈ됐다'

'AE18' 총장도 버림받고 상처받았으니
한 사나흘 기다리면 7번 국도 위에서 만나겠다

'우리 우산국으로 소풍이나 갈까'

봄소식

바람 불고 눈 내리던 겨울
내 마음 늙고 힘든 투쟁이었지

그 뒤란으로 찾아오는 부끄러운 봄
시는 왜 쓰려고 하나 시가 쓰이기나 할까

그대와 이별하고도
쓰이지 않던 시가 쓰이기나 할까

저 먼 태백산맥 넘어
봄눈 와서 생사고립이라는데
삼척에 있는 동무나 찾아가서
눈물로 살아온 이야기나 하여볼까

코로나 시대

'한파주의보'가 내렸다
한 사나흘 시베리아 고기압으로 인하여 매서운 한파 몰려온다고
기상 캐스터는 몇 번이나 당부하였다

마지막 지하철마저 떠나가고

남겨진 도시
제2국민들 지하로 스멀스멀 찾아 들었다

우산과 종이박스 얽은 집들
지하도시 호각 소리는 그들을 지상으로 몰아냈다

우산과 종이박스를 들고
심야의 지하 부동산 찾아 가는
제2국민들 종종걸음을 눈과 바람은 지우고 있다

어젯밤 한파 "노숙자 지상에서 동사 – 무연고 처리" 하였다고

짤막한 자막 뉴스 한 줄 −
소리 없이 화면 하단을 걸어서 갔다

내용증명

화실을 구하지 못해
도시에서 밀려난 가난한 화가의 슬픈 현실을 듣고
나는 딱히 글 쓰는 것 외에 보탤 것이 없어
또 습관처럼 글을 긁적거린다
내가 생각하여도 내가 참 딱하다
글 한 편을 적으면 동전 몇 개를 받을까
책 한 권을 내어다 놓으면 동전 몇 푼을 받을 수 있을까
차라리 "부자 되는 방법 3분 독파" 책이나 쓸까

내가 그런 글 적으면 거짓말이 된다
자가용도 없어 버스 기다리는 주제에
오늘 저녁 라면 먹는 주제에

지금까지 글 써서 쌀 사본 적 없으면서
사는 것 참 신통하다는 칭찬만 들으면서
부끄러워 딸에게 고개 들지 못하면서
아직까지 한번도 소줏값 내가 내라는
이야기 하지 않은 친구에게도

지긋지긋한 이 짓거리 그만둘 수도 없고

오늘 시 쓰는 것 그만두고
그들에게 신세 빚 갚을 수 없을 것 분명해서
신세만 지고 산다는 갚을 길이 없다는
"염치없는 인생 신세증" 한 장 적어
딸에게 친구에게
편지 보내러 우체국 다녀와야겠다

먼

어느 산
머 ㄴ 골
절寺

나뭇잎
흔들리는 산
그 사람
흐르다 흐르다 간 그곳

그곳은
하루 종일 말 없음 말 없음 말 없음…
어쩌다
구름이 흔든 풍경이 슬프다

동행同行

소백의 능선을 걷다가
힘들지 않았냐고

말없이
곱게 물든 산 낙엽 하나 주워 건넸다

말없이
아내도 내게 손짓 하나 건네주었다

무량수전에서 바라다보았던
저무는 그 능선과 능선이었다

동행同行 · 1

그대
여기까지 온 것만 해도 감사합니다
더러
가까스로 건넌 강 있었고
더러
들에 핀 꽃밭을 건넌 적 있었지요

그대
여기까지 온 것만 해도 고맙습니다

산다는 것
정말 신기한 일입니다 재미있는 일입니다

지금 창밖에 비는 눈이 되어 내리는군요
커피 따뜻한 향기 방안 가득 메우는군요
그대에게서 느꼈던 그 향기입니다

그대
여기까지 온 것 기적입니다

그대에게
편지 씁니다
훈풍에 띄운 소식 닿는 날까지
그대
그대와 같이하는 은총 내게 있으소서
사랑으로…

승부역

소리 없이
열병 앓던 누이 기도처럼
첫눈으로 가고 싶다

겨울 꽃밭이 세 평
열차가 세 평만큼 쉬어 가는
그곳에서

일 년이 세 평만큼 남은 날
첫눈으로 쌓였다가
어느 봄 처녀처럼 녹고 싶다

큰 병

너로부터
멀리 오고 나니

더
아프다

타국

도쿄이니 서울이 보이고
혼자이니 당신 그립다

낯선 저녁거리
소바 그릇들이 진한 내음 풍긴다

이국 정취보다야
그대 살 내음
센다이행 야간열차 타고 가는 내내 생각했다

여관 다듬이 방 창가
주적주적 비는 밤을 걷고
나는 돌아누워
돌아갈 날
별 헤는 이유입니다

첫눈처럼 너에게 가겠다

그리워 그리워서
이 악물고 소리 없는 눈으로 가
너에게 잠깐이라도
눈물일 수 있다면

조용히 깊고 깊은
고뇌와 기다림 끝
비로소
첫눈처럼 너에게 가겠다

지금
첫눈처럼 너에게 가겠다
잠깐이라도 그대 눈가
눈 내리는 의미이고 싶다

그대 빈자리

빈 들판 바라보아도
차가운 바람만 불었다
그것이 내 그대에게 준 전부였다

그대 빈자리
느끼고 깨닫기까지
긴 시간 지나갔습니다

그대 빈자리
비 온 뒤
눈 쌓이기 시작합니다

저 눈발처럼 그대에게 닿아가
소망과 희망이고 싶습니다

제5부
고향

찬란한 태양

먼 이국 새벽 비가 내리고 있다
한편 좁은 방에
지금 가진 것 전부 벗어버리고
결국 남겨진 것 사랑에 대한 생각이었다

어느 무기수보다 더
오로지 나에게 주어진 형벌은
외로움 그리고 그리움
그리고
당신을 향한 어쩌지 못하는 내 상실감

내가 간절히 보낸 편지에 대한
당신의 독립된 냉정을 낙엽처럼 줍고 있다

시간을 버리기 위하여
어느 여류 소설가의 소설을 펼친다
넘겨지는 책장마다

어떻게 끝이 날지 모를 사랑에 대한 이야기들이
낯설게 느껴졌다

단풍

사노라면
보아도 보아도
다 볼 수 없는 시간이 있습니다
늘 집으로 돌아와 보면
그대 향하여 못다 한 말들이 그러합니다

내 마음 같아서는
훌훌 민들레 홀씨라도 되어
이 산 저 산
그대와 함께 가고 싶습니다

누구나 흔들리며 사는 세상
너도나도 하는 수 없이 흔들리고 살지만
흔들리며 물드는 단풍처럼

오늘 하루라도
그대와 함께 흔들리며
물들고 싶습니다

빨갛게 흔들리며 살고 싶습니다

고향

나의 고향은
가랑잎 구르는 산 어디 즈음

아 나는 먼 예서*
잠은 달아나고
새벽만 눈물겹다

아직
꿈에라도
돌아와
동구 밖
기다리는 여인

* '여기서'의 줄임말

낙엽

내 사랑은 그대 가슴에 남는 것
아픔만 내 가슴에 남기었네

누구라도 그러하듯이
내 사랑 내게
남겨놓은 아픔들을 아물게 할 수 없는 것

낙엽 떠나 나목만 남아도
세월 가고 상심한 별이 진다해도
누군가 다시 밤을 기다리듯

아픔은 상처가 되기를 기약할 수 없고
다시 사랑이 될 수 없다

그대
별이 뜨는 이유와 지는 사유는 한 가지이나
결국 사랑은 사랑으로 끝나지 않는
소관인 것을 나는 알았네
그대 가슴에 아픔만 남았었는지 몰랐네

세월이 지나고야 알았네
이제 알았네
그대 사랑은 내 가슴에 남는 것
아픔만 그대 가슴에 남기었네

초하단상初夏斷想

 새벽 3시 책상 앞에 앉았다 밤새 내린 비는 땅을 적시고 있다 책상 앞에 앉은 나와 밤새 내린 비는 여름 초입까지 와 있었다 이렇듯 세상 만물은 조금씩 변하고 있었지 아니면 세상이 그 곁을 스치고 지나갔던지 그런것도 아니라면 정지된 세상에 계절이 묻은 초년의 모습으로 이동하였다는 생각이 든다

 시간, 낙엽, 강물, 아니면 봄, 여름, 가을, 겨울까지도 세월이 가져갔다고 슬퍼했다 더러는 꽃, 하늘, 바다, 빈배, 동무들, 어머니, 어머니, 어머니, 시, 백석, 릴케의 장미와 그의 글들과 그리고 슬픈 동주와 목월까지도 애타게 그리워해야만 했다 다만 세월 속에 그리움과 고독은 해풍을 맞은 포도처럼 익어 가는 것이다 그래서 우리는 무슨 마법에 걸린 듯 그리움과 고독이라는 양쪽에 대하여 이것이 없으면 고독으로 저것이 없으면 그리움을 무궁무진하게 심연으로부터 끄집어내어 상기하고 있는 것이다 그리움과 고독은 사랑보다 아름다운 것이다 무엇이 그립던가 무엇이 고독이던가

 친구는 중년의 나이에 시인이 되고자 부산대학교 시창작 여름 강좌를 신청했다고 했다 그 말을 듣고 한편으로는 그

의 내면에 잠들어 있는 그리움과 고독 중에서 어느 하나가 이미 꿈틀거리고 있다고 느껴졌다 하지만 이 고독하고 그리운 시를 왜 하필이면 하려고 하는지 모르겠다는 생각이 든다 수많은 시인이 시라는 것을 만나거나 찾기까지 그리움과 고독에 대하여 은하수가 다 마르도록 퍼 올려야만 했다 그보다는 한 편 시에 대한 그리움이나 고독을 펼쳐 보지 못하고 좌절한 시인은 더욱더 헤아릴 수 없이 많다 너와 나는 지금 연금술사처럼 사막을 걷고 있다 별을 등대 삼아 그 무언가를 찾기 위하여 여행 중이다

　목월은 "나의 독백"*에서 "때로 시는 '펜'의 부드러운 감촉으로 살아나는 자연, 때로 시는 느닷없이 밤중에 찾아 오는 친한 손님, 그들은 전혀 예정도 없고 기약도 없는 방문객이다."라고 했다

　오늘 밤에도 별을 줍기 위하여 구름이 흐르고 바람이 흐르는 하늘을 바라보고 있다

*박목월 〈달빛에 목선 가듯〉 중 인용

소나기

하릴없이 툇마루에 걸터앉은 사내 곁에 툭툭 비가 내
린다 보다 못한 토란잎이 그것을 대신 받친다 보다 못한
양철지붕이 그것을 대신 받친다 보다 못한 땅바닥이 옷을
벗는다

땅바닥이 춤을 춘다 들썩들썩 엉덩이를 들어 올린다
땅은 허연 허벅지에 퍼런 멍이 들고 땅의 은밀한 곳에
흥건히 물이 흘러넘친다

하릴없이 툇마루에 걸터앉은 사내가 문득 흥건히 몸
이 젖던 사랑을 생각했다
소나기 내리고 난 어느 여름
양철지붕 아래
접시꽃
도란도란 피고 있다

빨갛게

여름날의 수채화

어머니는 하늘에 매인 빨랫줄을 흰 헝겊으로 닦았다 여름 잠자리 혼비백산하였다가는 다시 빨랫줄에 앉았다 달아났다를 반복하였다

어머니는 이불 홑청을 빨랫줄에 걸고 이쪽과 저쪽의 나라로 흰 장막 둘러쳤다 나는 그 경계에서 머리와 몸을 숨기기도 하고 흰 홑청 장막을 북처럼 손바닥으로 쳐보기도 하였다

흰 홑청 소리들 하늘 높이 높이 날아가 뭉게뭉게 뭉게 구름 되었다 아버지가 장에 갔다 오실 즈음 파란 하늘은 흰 이불 홑청에 물들어 파란 홑청이 되었다

어머니는 파란 홑청을 꿰어 잠든 나를 덮어 주셨나 보다 나는 파란 잠자리 되어 파랗게 물든 수수밭 너머로 갔다가는 파랗게 젖은 강 건너 파란 하늘을 날고 있었다

어머니의 전화번호
– 애니콜 폴더폰

어젯밤에 몇 번 망설이다 꽃집으로 달려가 빨갛게 물든 카네이션 한 송이를 샀습니다 아내가 보면 누구 주려고 샀느냐고 분명 물을 것 같아 장롱 속에 숨겨 두었습니다

아침 일찍 카네이션을 감추어 들고 집을 나와 물결 넘실거리는 강 길 따라 걸으며 전화기를 무의식중에 만지고 있었습니다

   1. 전화번호 찾기 – 꾹~

   1. 단축번호 찾기
   2. 이름으로 찾기
   3. 번호로 찾기
   4. 음성으로 찾기
   5. 그룹으로 찾기 – 꾹~
   0. 가족 – 꾹~

   엄마 – 통화 – 꾹~

"지금 거신 국번호는 없는 국번호입니다.
다시 확인하시고 걸어주시기 바랍니다"

내가 번 돈으로 카네이션을 사기는 처음입니다

처음으로 당신 가슴에 달아 드리고 싶었는데
처음으로 당신에게 고맙다는 전화라도 드리고 싶었는데

"지금 거신 국번호는 없는 국번호입니다
다시 확인하시고 걸어주시기 바랍니다"

어머니!
어머니 가시던 날도 참 허기지게 날씨가 좋더니만
오늘따라 아침 햇살이 참 곱기만 합니다

아비와 아들 그리고 봄봄

아비는 읍내에서 소 팔고
오늘 제발 막걸리 한 잔 없이 오라는
어매 당부 가지고 가지만

나는
사십 리 춘양장 고갯길에서 봄을 맞았다

진달래 하도 고와서
훠이~ 훠이~
진달래 그만 꺾고 장 재촉하는 아비가 미웠다

굽이굽이 사십 리 고갯길

아침 밝은 소 풍경소리만 고갯길에 퍼지고
산 아래 읍내는 작기만 했다

솟값 흥정에 아비는 맥도 못 추고
천 원짜리 다발을 받아 허리춤에 집어넣고
훠이~ 가자 가… 집으로…

한 잔 두 잔 대폿집에서
아낙은 아비 돈 다 거덜 내고야 보내려나 보다

국밥은 내게 맛이라고는 없어 허기지고
아비는 아낙에게 허기져 돌아오는 고갯길
아비는 술 취하여 비틀거리고
나는 진달래 향기에 취해 참 우습다

고갯길부터 따라나선 달빛
소복 내려앉은 집
어매는 새벽까지
툭~ 툭~
윗목에서 안동포 짜는 한탄이 났다

추석秋夕

달이 떴습니다
달밤이 밝은 만큼
아이들은 잠이 들었습니다
달빛만 잠든 아이들 곁 창가에 찾아와 웃고 있습니다

가끔 이 녀석이 꿈을 꾸면
저 녀석도 덩달아 꿈 꾸고 있나 봅니다
그런 집
달님이 고맙게도 아이들 곁을 지켜주고 있습니다

날 밝으면 추석인데

강물 곁으로 나왔습니다
동구 밖에 들리던 날짐승 소리마저 잠들고
기다리는 마음 내 곁 빈 바람 소리만 쓸쓸합니다

어머니 어머니 어머니
오늘 밤 어머니에게 더는 편지 쓰지 못하겠습니다
그리워서 더는 불러보지 못하겠습니다
아직도 철없이 울고 있습니다

설

고향은 어디 즈음
저 산 넘어 또 산 넘어
가다가 보면 강도 지나야 하리
소복소복 눈 덮인 마을도 지나야 하리

그곳에는
아직 철없던 동무는 무엇을 하는지
하얀 떡 빚던 동네 어머니들은 계실지
아득한 고향 눈은 내리리라

손녀와 손자는 설빔 입고
예쁘게 새해 인사를 하건만

새해 복 많이 받으라던 설
나의 고향은 어디 즈음

설 · 1

섣달그믐
동구 밖 마중하기도 하고
어떨 때는 정거장까지 가서
친척을 만나 집으로 왔습니다

오직 설날 아침에만 밝아오는
고향 해님을 바라보고
한가지씩 소원을 빌기 위해서입니다

궁금한 소원 하나
마음속 깊이 숨겨 두기도 하고
더러는
구름 위 엽서처럼 붙이기도 합니다

어머니가
장독대 앞 두 손 합장하고 빌고 있는 날
그날이 설입니다

밥 먹기도 부족한 살림
쌀로 떡 한 수고가 차례상 위 김이 모락모락 납니다

숟가락은 대접속 떡국을 건져 올리느라 딸그락거립니다
할머니, 아버지, 어머니, 누이, 형, 삼촌, 고모, 아지매…
모두가 하얀 이가 보이도록 미소 짓고 있습니다
성황당, 앞산, 뒷산, 굴뚝, 당수나무, 눈 덮인 밭, 강아지,
누렁이, 염소, 토끼, 닭, 까치들도
모두 한 살 만큼 먹느라 분주합니다

그런데 부처님은 내가 태어나기도 전부터 계셨다는데
"벙어리 부처님"도 나이를 한 살 먹느냐고 물었더니

고모는
뚱딴지같은 철없는 소리 한다고 나를 놀리는 날
그날이 설입니다

가을에는

    가을은 들풀들의 방황하는 마음이 바람을 만듭니다
    가을바람은 사랑의 찬란함보다 사랑 뒤에 남겨진 것들로 바스락거립니다 적당한 햇빛에 산산이 부서진 산소처럼 그대 가까이 가을바람 찾아가겠지요

    가을 소리는 오솔길에도 시냇물 흐르는 곁에도 앞산에도 뒷산 적당한 곳에도 결국 앞마당 깊은 우물 속에서도 나에게 전이됩니다

    결국 가을 소리는 사랑하는 사람 마음 깊은 곳 자리했던 그리움을 불러내고야 맙니다

    빨랫줄에 걸린 이불 홑청 나부끼듯

    산 산 산 들마다
    낙엽 소리들
    가을은 또 떠나가겠지요

그런 날
나는
어느 한적한 시골 간이역에서 가을과 이별하겠습니다
하늘도 세 평
여름 꽃밭도 세 평인 승부역 즈음은 아니어도

늦게 핀 코스모스 가까이
연둣빛 페인트 낡은 벤치에 앉아
유난히 가을을 슬퍼했던 그대를 그리워하겠습니다

가을에는…

■ 권대희 시인의 시 세계

권대희 시의 네 가지 모티프

유한근
문학평론가 · 전 SCAU 교수

　　서정시는 시의 본령이다. 인간의 사상이나 감정을 가장 짧게 표출하는 주관시라는 개념의 서정시는 그 개념에 따라 다각적으로 확대될 수 있다. 같은 서정시의 범주 속에서도 다른 색깔을 드러낼 수 있다는 의미이다. 나는 권대희 시 몇 편을 평가할 기회를 가진 적이 있다. 그때 이렇게 언급했다. "권대희 시인의 신작시는 각각 색깔이 다른 서정시다. 연가, 실험시 또는 하이퍼시, 민중시, 신서정시 등 다른 이름으로 불려도 그의 시는 시의 원류인 서정시에 뿌리를 내리고 있고 새로운 지평을 위한 모색을 부단히 시도한다. 그것이 이 시인을 주목하게 하는 요인이 된다"고 평가하면서 그의 시를 ①이해하기 쉬운 시, 서정시 ②낯선 실험시, 또는, ③아픔을 같이 느끼는 슬픈 시로 규정한 바 있다.

그리고 그때도 서정시는 진부할 수 있지만 우리에게는 낯설지 않기 때문에 공감할 수 있는 영역이 넓다고 말하기도 했다. 특히 자연 친화적인 이미지로 자연과 가족과 계절을 노래하는 서정시가 더욱더 그러하다고 말하면서, 그 이유를 사랑 모티프에서 탐색했다. 권대희 시의 모티프는 우리 곁에 가까이 있어 우리의 감성이나 혹은 감정을 편하게 건드려 주기 좋은 화소들이다. 그것들이 충격적이고 치명적이지 못한 것이라 해도 발칙한 상상력에서 표출된 것이라면 고답적인 시라고 볼 수는 없다. 이에 해당하는 시가 권대희 시 〈소리〉이다.

조용한
소리 하나 피고 있다
내 곁에 피는 소리들 봄
지금사 봄밤
꽃이 피는가 엊그제 매화만 피더니
눈만 내리나니

가냘픈
여인이 피고 있다

내 곁에 지금 피는 소리 하나 그대
아직사 나는 봄밤

눈물 아래 서러운 꽃은 지는데
봄은 지는데

―시 〈소리〉 전문

 시의 발상이 발칙하다. 진부하지 않다. 봄밤에 서정적 자아 곁에서 피는 소리. 그 소리는 봄의 소리, 꽃 피는 소리가 아니라 "가냘픈/여인이 피"는 소리이다. "아직사 나는 봄밤/눈물 아래 서러운 꽃은 지는데/봄은 지는데" 피는 소리라는 감각적 인식은 시인의 가장 높은 주관적 서정성이다.

1. 꽃을 모티프로 한 시

 하지만 권대희 시의 많은 편수의 화소話素는 '꽃'이다. 그에게 있어서 꽃은 일차적으로 여인 혹은 여자를 표상하고 있지는 않다. 김춘수의 '꽃'의 상징인 '존재'를 의미하고 있지도 않다. 권대희 시의 '꽃'은 시적 대상이다. 그 시적 대상의 존재는 다양하다. 그 다양함은 시 전체를 유기적으로 이해해서 알 수 있는 정체성이다.
 시 〈꽃〉의 '꽃'은 시인이 시적 대상으로 마주 보는 존재이기 때문에 울었고, 시적 자아 때문에 우는 존재로 나타나지만 다양한 해석이 가능해진다. 그리고 시 〈장미〉에서의 '장미꽃'은 "아프다/지독히/고독한/사랑"을 표상하고, 시 〈장미 1〉에서는 "너는 나에게/나는 너에게 죽어서 다시 피는/꽃이 되고 싶다" 정서를 가진 꽃이다. 그리고 〈장미 2〉의 꽃은 "삶과 죽음/어느 곳에도" 그리운 "나의 이별//나의 처절한 눈물/나의 사랑"을 표상하는 존재이다.

> 내가 왜 이러는지 몰라
> 나도 모른다고
>
> 네가 내게 아무리 물어도
> 나는 몰라
>
> 그냥 네가 좋아
> 금방 보고 돌아서면 또 보고 싶고
> 금방 듣고 헤어져도 또 듣고 싶은 네 향기
>
> 나
> 너에게
> 어떡하겠니
> 　　　　　　　　　-시 〈제비꽃〉 전문

위의 〈제비꽃〉의 시적 대상은 제목 그대로 '제비꽃'이다. 시인에게 있어 이 꽃은 "그냥 네가 좋아/금방 보고 돌아서면 또 보고 싶고/금방 듣고 헤어져도 또 듣고 싶은 네 향기"

의 대상이다. 사랑의 시이다. 시인에게 있어 '제비꽃'으로 표상되는 그 누구인가가 있을 수 있다. 그러나 그것은 중요하지 않다. 누군가가 그를 왜 사랑하는가를 물어도 대답해 줄 수 없는 자신 때문에 이 시의 마지막 행인 "어떡하겠니"라는 정서가 중요하다. 어쩔 수 없다는 다소 답답하지만 사랑이 명증함을 이 시는 고백하고 있는 것이 자명하기 때문이다. 그래서 시 〈말없이〉가 가능해지는 것이다. "사랑이 어디쯤인지/한마디 말보다 한 송이 꽃을 보냈습니다/사랑은 가고 이별이 왔을 때에도/한마디 말보다 한 송이 꽃을 보냈습니다//그대를//잊고도//한 송이 꽃을 보냈습니다/말없이"(시 〈말없이〉 전문)에서 주목할 부분은 첫 행 "사랑이 어디쯤인지"이다. 이별로 사랑이 떠나 갈 때에도 그 사랑이 가고 있는 그 어디쯤에 꽃을 보내겠다는 의미는 이 시를 최상의 연시戀詩로 만드는 최고의 인식이다.

꽃이 피기로서니 지기야 하겠습니까
어느 이른 아침 풀잎 지는 아래
꽃이 지기에 나는 서러웁습니다
그것도 가을 목이 쉬어 웁니다

눈발은 만주滿洲처럼 나리고
바람은 오랑캐의 말발굽처럼 달려오는
언 땅 아래
꽃은 그래도 봄을 기다립니다

기다렸다 봄부터 피웁니다
할머니의 할머니 적부터
꽃이 지기로서니
꽃이 다시 피지야 않겠습니까.
  　　　　　　　－시 〈꽃의 담론〉 중에서

　위의 시 〈꽃의 담론〉은 이 시집의 표제시이다. 이 시의 1연에서의 꽃이 피고 지는 것. 꽃이 지면 서럽고 목이 쉬도록 우는 것이 일반적인 담론이다. 그러나 2연의 눈발은 만주처럼 내리고 바람은 오랑캐의 말발굽처럼 달려와도 봄이 오면 꽃이 피는 담론은 자연 이치이기는 해도 신비롭다. 그리고 할머니의 할머니 적부터 꽃이 졌다 해도 봄을 기다렸다 피어야 한다는 전통의식과 영원성은 이 시를 다시 환기하게 한다.
　이런 맥락에서 시 〈하얀 삘기꽃〉과 〈어린 동학의 노래 －북실 마지막 전투〉는 이해해야 한다. "저녁연기처럼 슬픈 꽃/엄마처럼 슬픈 꽃"이라 인식하고 있는 '하얀 꽃 삘기꽃'을 모티프로 한 전자의 시는 누이와 엄마를 그리워하는 시이다. 마지막 단락의 "하얀 꽃 삘기꽃/하얀 삘기꽃을 입에 문 누이가 엄마를 닮아서 슬퍼요/그래서 슬픈 꽃 하얀 삘기꽃"이라고 노래하고 있는 것이 그것이다. 후자 시 〈어린 동학의 노래 －북실 마지막 전투〉는 동학에 참가해 죽은 어린 동학을 "밤하늘 소리 없는 절규로/아직/살아서 피워야 할//진달래"로, "붉은 함성으로 필/더운 핏빛!" 이미지로 인식한 역사 인식을 저변에 깔고 있는 행간 속에 서사를 숨긴 시라는 점에서 다시 보게 된다. 특히 진달래의 배경에서 목화꽃의 표상성은 권대희 시의 역사의식까지도 엿보게 한다. 특히 백제의 멸망을 이미지로 형상화한 시 〈낙화〉가 그러하다. "낙화하는 너는 //어느 왕조의 슬픔이기에 //얇은 속옷을 벗고 //바람 없는 허공으로 //고요히 //달빛을 줍고 있나//고란사 새벽종 잠 깨어 //강물로 뛰어든다."(시 〈낙화〉전문)는 절창이 그것이다.

2. 불교 모티프의 시

'시詩'는 한자 제자법 육서 중 회의會意로 말[言]과 절[寺]의 합체자이다. 사찰의 언어가 곧 '시詩'이다. 신앙과는 상관없이 '절'을 모티프로 하여 쓰인 글 중에 제격인 장르는 시이다. 그래서 그러한지 권대희 시의 경우에 절과 부처, 그리고 마음을 그린 시들이 눈에 띈다. 그 대표적인 시가 〈아련사雅蓮寺〉, 〈봉녕사〉, 〈불국佛國〉〈석가대웅구암청평〉 등이다.

아련사 추녀
구름 걸리어 바람이 흔든다

범종은 왜 우느뇨
풍경마저 우는데

추녀 끝 구름 고요를 깨우나
목어가 똑똑똑 골 따라 우는 절

눈 맞은 솔가지
죽비 소리에 산산이 부서져

졸음 겨운 사미 잠 깨어라
놀란 노루 산우로 치달린다

-시 〈아련사雅蓮寺〉 전문

 위의 시 〈아련사雅蓮寺〉는 사찰을 표상하는 사물四物인 법고, 범종, 목어, 운판과 풍경, 그리고 죽비 소리가 어린 중을 깨우고, 노루까지도 깨우는 산사의 풍경을 통해 깨달음을 형상화한 시이다. 사찰의 표상성을 형상화한 시라고 할 수 있을 것이다.
 '봉녕사'는 수원에 소재한 여름꽃 능소화로 유명한 아름다운 절이다. 이를 모티프로 권대희 시인은 시 〈봉녕사〉를 쓴다. 1연에서는 절 풍경을 "여름 푸르름 아래/부처님 곁 어린 스님 못 이긴 잠이 들었"고, 풍경소리에 "놀란 잠자리는 하늘 파도를 타고/큰스님 불경 소리에/능소화는 소리 없이 피"는 절의 적요함 속에서 시인은 2연에서 "해탈과 사랑이 무엇인가/사랑과 묵언은 무엇인가요"를 화두로 삼아 사유한다. 그러나 "오늘도 대답 없는 스님이 미워/돌아선 발아래/능소화"는 마지막 연에서 "한 송이 툭툭 눈물겹게 지우고 있"음을 감각적으로 표현한다. 선문답을 사찰의 적요함과 능소화와의 묵언으로 주고받고 있는 시이다.

산모퉁이 석굴로 뉘 앞서 갔는지
노랗게 금잔화 핀 나라
정토가 예 이사매 서방이 예 이사매
사랑도 그리움도
잊으라 잊으라
한줄기 바람 풍경을 흔들고

청운교 백운교 위에
사랑이 상사했으면
석가와 다보는 뉘 그리움으로
빚었느뇨
아
불국이 졸음에 겨운 봄
석가모니 부처님도 낮잠을 주무시고
한줄기 바람만 목탁을 두드리네

-시 〈불국佛國〉 전문

　위의 시 〈불국佛國〉은 신라 경주의 불국사를 거슬러 올라가 1000년의 신라를 조망한 시이다. 신라를 "노랗게 금잔화 핀 나라"로 인식하고, 그 나라를 "정토가 예 이사매 서방이 예 이사매"로 노래하며, "사랑도 그리움도/잊으라 잊으라/한줄기 바람 풍경을 흔들고"라고 사랑과 그리움으로 부처의 나라 신라를 소환한다. 그리고 불국사의 청운교, 백운교, 석가탑, 다보탑을 누구의 그리움으로 만들었는가를 사유하며, 낮잠에 든 부처와 목탁을 두드리는 한줄기 바람으로, 속세와의 이별의 아픔을 경험한다.

시 〈석가대웅구암청평〉은 흔들리는 대웅전 풍경 소리의 "울림과 바램의 기도"로 '천년 해탈'을 묵언으로 노래한 시이다. 그리고 그것을 "오직/아픔도 없고 고뇌도 없어라/외로움도 설움도 없는 사랑"임을 인식하고, "내 육신 바람 되어/내 정신 구름 되어/세상사 덧없음도 모두 당신 뜻만 같아라"고 노래하고 염원하는 신앙고백의 시이다. 부처의 뜻이 무상無常임을 노래한 시이다.

무상無常의 사전적 의미는 ①모든 것이 덧없음. ②일정하지 않고 늘 변함. ③상주常住하는 것이 없다는 뜻으로, 나고 죽고 흥하고 망하는 것이 덧없음을 이르는 말이다. 따라서 무상無常은 인간 삶의 현상이며 본질이기 때문에 우리가 극복해야 할 화두이기도 하다. 이를 권대희 시인은 사랑을 아픔도 없고 고뇌도 없고 외로움도 서러움도 없는 것으로 극복하려고 사유하고 노래한다.

3. 유명 시인 모티프 시

후배 시인들은 선배 시인의 시를 통해서 시를 배운다. 미당 서정주 시 계열의 시가 많은 것은 그가 대학 시절 지도교수로부터의 영향이 가장 큰 이유이기는 해도 그보다는 그 자신이 미당 시의 향기가 짙기 때문일 것이다.

 한국 서정시의 큰 물결은 김소월과 한용운을 시작으로 하여 윤동주와 백석, 그리고 미당과 목월일 것이다. 이런 상황 속에서 권대희 시인은 과감하게 박목월 시인의 시 〈나그네〉를 패러디하면서 선배 시인에게 자신의 시를 헌정한다. 그 시가 〈기다리는 마음 −木月에게〉이다.

   외딴 마을
   가을바람 분다

   내가 성인 되니 그분 세상에 없듯
   구름에 달 가듯이 가는 나그네*

   몇 만 리 굽이쳐 오실 길손을 위하여
   꺼지지 않을 촛불 밝혀 두려는데

   술은 벌써 익고
   괜한 바람에 국화꽃이 지고있다
       −〈기다리는 마음 −木月에게〉 전문

 설명이 굳이 필요한 시가 아니다. 목월 시를 경외하며 시

---

* 박목월의 시 〈나그네〉 인용

인에게 헌사하는 시이기 때문이다. 이처럼 박목월 모티프시와 같은 맥락의 시는 〈석탑이 있는 마을〉, 〈목월을 만나러 가서〉이다. 그러나 이보다 더 주목되는 시는 시 〈동짓달〉이다. 이 시의 서두는 이렇게 시작된다. "김종길의 '성탄제'를 읽다가/올해도 성탄절이 가깝다는 것과/아버지가 눈을 헤치고 따오신 붉은 산수유 열매와/아버지가 문방구에 들러 아들 생각하며 사 오셨을 연필과 공책"(1연)이다.

여기에서의 김종길의 시 〈성탄제〉는 그의 첫 시집 표제시로 아버지의 지극한 부성애를 그린 시이다. 시인의 유년 시절 겨울밤 심한 열병을 앓던 그 겨울밤에 눈 속을 뚫고 산수유 열매를 따온 아버지의 진한 사랑을 그린 시가 〈성탄제〉이다. 이 시의 산수유 열매 대신 권대희 시인은 연필과 공책을 사 온 아버지의 서정적 자아와 그 자식 사랑의 기억을 소환하여, "동짓달 새벽달이 아버지를 대신하여 창가에 와서 있다./원고를 늦지 않도록 써야겠다./연필과 공책을 건네주시면서 못하신 말씀을/아버지가 적고 있다."(끝 연)고 노래한다.

시 〈초하단상初夏斷想〉의 서두는 "새벽 3시 책상 앞에 앉았다 밤새 내린 비는 땅을 적시고 있다 책상 앞에 앉은 나와 밤새 내린 비는 여름 초입까지 와 있었다 이렇듯 세상 만물은 조금씩 변하고 있었지 아니면 세상이 그 곁을 스치고 지나갔던지 그런 것도 아니라면 정지된 세상에 계절이 묻은 초년의 모습으로 이동하였다는 생각이 든다"로 시작한다. 그리고 시적 자아가 그리워하는 것들을 노래한다. 시이기 때문에 노래한다고 말했지만 이 시는 줄글로 쓰인 이른바 '산문시'이다.

새벽 3시 책상 앞에 앉았다. 밤새 내린 비는 땅을 적시고 있다. 책상 앞에 앉은 나와 밤새 내린 비는 여름 초입까지 와 있었다. 이렇듯 세상 만물은 조금씩 변하고 있었지, 아니면 세상이 그 곁을 스치고 지나갔던지 그런것도 아니라면 정지된 세상에 계절이 묻은 초년의 모습으로 이동하였다는 생각이 든다

(…) 어머니, 시, 백석, 릴케의 장미와 그의 글들과 그리고 슬픈 동주와 목월까지도 애타게 그리워해야만 했다. 다만, 세월 속에 그리움과 고독은 해풍을 맞은 포도처럼 익어 가는 것이다 그래서 우리는 무슨 마법에 걸린 듯 그리움과 고독이라는 양쪽에 대하여 이것이 없으면 고독으로 저것이 없으면 그리움을 무궁무진하게 심연으로부터 끄집어내어 상기하고 있는 것이다 그리움과 고독은 사랑보다 아름다운 것이다 무엇이 그립던가 무엇이 고독이던가
(…)

목월은 "나의 독백"에서 "때로 시는 '펜'의 부드러운 감촉으로 살아나는 자연, 때로 시는 느닷없이 밤중에 찾아오는 친한 손님, 그들은 전혀 예정도 없고 기약도 없는 방문객이다."라고 했다

오늘 밤에도 별을 줍기 위하여 구름이 흐르고 바람이
흐르는 하늘을 바라보고 있다
　　　　　　- 시 〈초하단상初夏斷想〉 전문

　위의 시를 보면, 시인이 그리워하는 것은 "어머니, 시, 백석, 릴케의 장미와 그의 글들과 그리고 슬픈 동주와 목월"이다. 그리고 그들의 "그리움과 고독"이며 그것들은 "사랑보다 아름다운 것"이라는 인식이다. 그러나 정작 시인이 말하고자 하는 것은 3연의 시인이 되려고 하는 친구를 빌어 "내면에 잠들어 있는 그리움과 고독 중에서 어느 하나가 이미 꿈틀거리고 있"음을 느끼고, "고독하고 그리운 詩를 왜 하필이면 하려고 하는지 모르"면서, "수많은 시인이 詩라는 것을 만나거나 찾기까지 그리움과 고독에 대하여 은하수가 다 마르도록 퍼 올려야만 했다. 그보다는 한 편의 詩에 대한 그리움이나 고독을 펼쳐 보지 못하고 좌절한 시인은 더욱더 헤아릴 수 없이 많"음을 환기하는 것이며, "너와 나는 지금 연금술사처럼 사막을 걷고 있다. 별을 등대 삼아 그 무언가를 찾기 위하여 여행 중"임을 확인하려는 것이다.
　선배 시인을 흠모하고 그들의 시정詩情을 패러디하는 것은 그들의 시인 정신 혹은 그들의 그리움과 고독, 그리고 사랑의 아름다움을 배우기 위한 것임은 두말할 나위 없다.

4. 아내와 가족을 모티프로 한 사랑시

가족과 아내는 인간으로서 삶을 동행하는 동반자 혹은 도반道伴이다. 도반의 불교 사전적 의미는 "함께 불도를 수행하는 벗으로 도道로써 사귄 친구"이다. 깨달음을 얻기 위한 구도의 길을 동행하는 친구를 일컫는다.

> 소백의 능선을 걷다가
> 힘들지 않았냐고
>
> 말없이
> 곱게 물든 산 낙엽 하나 주워 건넸다
>
> 말없이
> 아내도 내게 손짓 하나 건네주었다
>
> 무량수전에서 바라다보았던
> 저무는 그 능선과 능선이었다
> ―시 〈동행同行〉 전문

위의 시에서 시적 자아는 아내에게 "곱게 물든 산 낙엽 하나 주워 건"넨다. 그러면 아내는 시인에게 손짓으로 "무량수전에서 바라다보았던/저무는 그 능선과 능선"을 건네준다. 다분히 시가 선적禪的이다. 스님의 깨달음으로 얻게 되는 오도송 같은 일갈이다.

무량수전은 아미타불이 봉안된 영주시 부석면 부석사에 있는 고려 시대 목조 건물이다. 아미타불은 대승불교에서 신봉하는 부처이다. 서방정토 또는 극락세계에서 불법을 설한다는 부처가 아미타불로 하화중생下化衆生의 부처이다. 적요한 산사에서 선정에 드는 선승 같은 부처가 아니라 속세에서 사람들과 더불어 사는 부처이다. 이 시의 시적 자아에게 아내는 그 길을 제시해주는 도반인 셈이다.

이러한 도반을 시인은 〈동행 1〉에서 이렇게 사랑을 고백한다. "그대/여기까지 온 것만 해도 고맙습니다 //산다는 것/정말 신기한 일입니다/재미있는 일입니다 //지금 창밖의 비는 눈이 되어 내리는군요/커피 따뜻한 향기는 방안을 가득 메우는군요/그대에게서 느꼈던 그 향기입니다 //그대/여기까지 온 것 기적입니다" 기적적인 동행은 모든 부부가 꿈꾸는 이적異蹟이다.

시 〈봄날같이 진달래처럼〉에서 시인은 "햇살 좋은 날/(…)/물 품어 붙인 창호지에/연분홍 진달래 곱게 물들여놓고//따뜻이 막걸리 한 주전자 데워/아내에게/사랑사랑/ 사랑을 하자고" 조른다. "막걸리 한 모금"을 "새털처럼 마신" 진달래 같은 아내에게 조른다. 그러면 아내는 시인에게 "햇살 좋은 날/막걸릿잔에 쏟아진 봄날같이/살라 하고 //나는/아내더러/오늘같이/들창문에 피어난 진달래처럼" 진달래같이 살라고 기적처럼 시인은 노래한다.

어머니는 하늘에 매인 빨랫줄을 흰 헝겊으로 닦았다/ 여름 잠자리 혼비백산하였다가는 다시 빨랫줄에 앉았다 달아났다를 반복하였다 //어머니는 이불 홑청을 빨랫줄에 걸고 이쪽과 저쪽의 나라로 흰 장막을 둘러쳤다 나는 그 경계에서 머리와 몸을 숨기기도 하고 흰 홑청 장막을 북처럼 손바닥으로 쳐보기도 하였다 //흰 홑청의 소리들 하늘 높이 높이 날아가 뭉게뭉게 뭉게구름이 되었다 아버지가 장에 갔다 오실 즈음 파란 하늘은 흰 이불 홑청에 물들어 파란 홑청이 되었다 //어머니는 파란 홑청을 꿰어 잠든 나를 덮어 주셨나 보다 나는 파란 잠자리되어 파랗게 물든 수수밭 너머로 갔다가는 파랗게 젖은 강 건너 파란 하늘을 날고 있었다

-시 〈여름날의 수채화〉

이 시는 시인의 어머니가 홑청을 빨랫줄에 널었던 유년의 기억을 소환하여 수채화로 그린 시이다. 이 시에서 주목되는 이미지 혹은 그림은 "흰 홑청의 장막을 북처럼 손바닥으로" 치면 흰 홑청의 소리들이 하늘 높이 높이 날아가 뭉게뭉게 뭉게구름이 되었고, "아버지가 장에 갔다 오실 즈음 파란 하늘은 흰 이불 홑청에 물들어 파란 홑청이" 된다는 청각적 이미지로 변화하는 공감각 전이이다.

그리고 "어머니는 파란 홑청을 꿰어 잠든 나를 덮어 주"자 "나는 파란 잠자리가 되어 파랗게 물든 수수밭 너머로 갔다가는 파랗게 젖은 강물을 건너 파란 하늘을 날고 있었다."는 이미지는 신비로운 동심의 이미지이다.

이와 같은 맥락의 이야기 시이면서도 감각적 이미지가 돋보이는 시가 〈아비와 아들 그리고 봄봄〉이다. 이 시는 읍내로 소 팔러 간 아비를 따라간 유년의 서정적 자아인 시인은 "사십 리 춘양장 고갯길에서 봄 맞"아, "진달래 하도 고와서/휘이~ 휘이~/진달래 그만 꺾고 장"보러 가자 "재촉하는 아비가 미웠다 //굽이굽이 사십 리 고갯길에"서 봄을 방해하는 아비가 미웠다.

(…)

아침 밝은 소 풍경소리만 고갯길에 퍼지고
먼 산 아래 읍내는 작기만 했다.
솟값 흥정에 아비는 맥도 못 추고
천 원짜리 다발을 받아 허리춤에 집어넣고
휘이~ 가자 가… 집으로…
한 잔 두 잔 대폿집에서
아낙은 아비 돈을 다 거덜 내고야 보내려나 보다.
국밥은 내게 맛이라고는 없어 허기지고
아비는 아낙에게 허기져 돌아오는 고갯길
아비는 술 취하여 비틀거리고
나는 진달래 향기에 취해 참 우습다.
고갯길부터 따라나선 달빛
소복 내려앉은 집에

어매는 새벽까지

툭~ 툭~
윗목에서 안동포 짜는 한탄이 났다
　　　－시 〈아비와 아들 그리고 봄봄〉 후반부

　유년의 서정적 자아인 시인은 맛없는 국밥 때문에 허기지고, 대폿집에 들린 아비는 아낙에게 허기져 돌아오는 고갯길에서 아비는 술에 취하여 비틀거린다. 그것을 유년의 시인은 진달래에 취해 있는 모습으로 "참 우습다"고 긍정적으로 노래한다. 그리고 마지막 연에서 "고갯길부터 따라나선 달빛 소복 내려앉은 집"이라는 토속적인 이미지와 "어매는 새벽까지/툭~ 툭~/윗목에서 안동포"를 짠다는 서사는 우리의 옛모습을 서정적으로 그리고 있어 아슬하지만 서글프다.
　엘리어트가 〈개인의 재능과 전통〉에 말한 바 있는 "스물 다섯이 넘어서 시를 쓰려면 역사의식을 가지고 있어야 한다"는 말에서의 역사의식이란 전통의식을 의미한다. 시사詩史적 전통만 의미하는 것이 아니라, 민족의 정신적 혹은 문화적 전통의식을 의미한다. 그 맥락 속에 권대희 시가 자리매김하고 있다.
　권대희 시는 앞서 지적한 ①이해하기 쉬운 시, 서정시 ②낯선 실험시, 또는, ③아픔을 같이 느끼는 슬픈 시로부터 그 모티프를 확산시켜 꽃을 모티프로 한 불교적 인식의 시와 가족과 아내를 모티프로 하는 감각적인 서정시로 변개한다.

특히 '꽃'을 표상하고 있는 상징성은 시적 대상으로 마주 보는 존재로서 다양한 이미지로 나타나지만 시인이 사랑하는 모든 것임에 우리는 주목해야 할 것이다.

빛나는 시 100인선 · 096
권대희 시집

꽃의 담론

2판 인쇄 | 2024년 11월 15일
2판 발행 | 2024년 11월 20일

지은이 | 권 대 희
펴낸이 | 서 정 환
펴낸곳 | 인간과문학사

주 소 | 서울특별시 종로구 삼일대로 30길 21, 종로오피스텔 809호
전 화 | 02)747-5874, 063)275-4000
등 록 | 제300-2013-10호
E-mail | human3885@naver.com inmun2013@hanmail.net

값 13,000원
ISBN 979-11-6084-241-8 04810
ISBN 978-89-969987-4-7 (세트)

* 저자와 협의하여 인지는 생략합니다.
* 잘못된 책은 바꿔 드립니다.

Printed in KOREA